Diese Seite darf
zusammen mit
dem 1. Dezembe
geöffnet werden

Bernd Flessner

Peter Schilling

Stefan Lohr

Weihnachten auf dem Mars

In Zusammenarbeit mit

DLR Deutsches Zentrum für Luft- und Raumfahrt

Ein besonderer Dank geht an
Herrn Dr. Volker Kratzenberg-Annies
für die fachliche Beratung seitens des DLR

TESSLOFF

Wie alles begann

Der kleine Major Tom lebt zusammen mit seinem Vater, dem großen Major Tom, auf der Raumstation Space Camp 1. Seine Mutter arbeitet auch für die Weltraumagentur, ist aber nicht mit auf der Raumstation.
Stella ist seine beste Freundin und ebenfalls an Bord. Ihre Eltern sind bei der Bodenkontrolle beschäftigt. Plutinchen ist eine Roboterkatze und die treue Gefährtin von Tom und Stella. Gemeinsam erforschen sie das Weltall, beobachten die Erde und züchten Pflanzen an Bord der Raumstation. Eines Tages muss der große Major Tom unerwartet zum Mars fliegen und dort mithelfen, die Marsstation weiter aufzubauen.

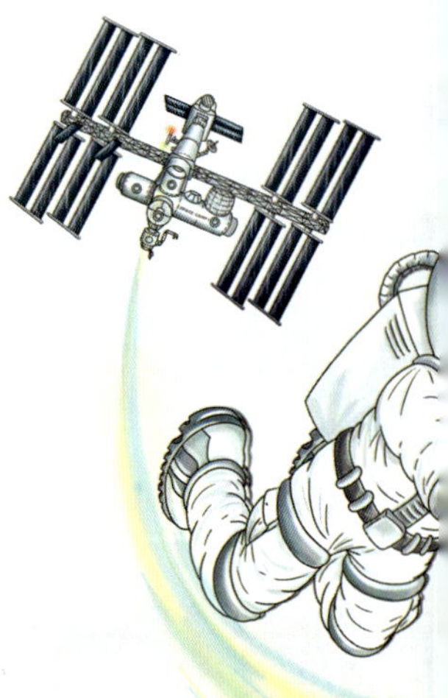

Tom, Stella und Plutinchen bleiben in der Raumstation zurück und sind nun ganz auf sich alleine gestellt.
Doch auch ohne ihre Eltern sind sie erfolgreiche und begeisterte Forscher. Gemeinsam meistern sie den Alltag auf der Raumstation, lösen Probleme und genießen zwischendurch den Ausblick auf ihren Heimatplaneten Erde. Auf den verschiedenen Missionen erleben sie ein Abenteuer nach dem anderen und lernen immer wieder Erstaunliches und Interessantes über die Erde und das Weltall. Dabei helfen sie sich gegenseitig und geben auch in brenzligen Situationen niemals auf.

FSC
www.fsc.org
MIX
Papier aus verantwortungsvollen Quellen
FSC® C084279

1. Auflage 2021

Burgschmietstraße 2-4, 90419 Nürnberg

Text: Bernd Flessner
Cover- und Innenillustrationen: Stefan Lohr
Idee/Mitwirkung: Peter Schilling
Lizenz: MajorTon Entertainment KG
Major Tom und *Völlig losgelöst* sind Marken
der MajorTon Entertainment KG
Grafisches Konzept: Barbara Heinlein, Gestaltung: Uwe Herrlen
Lektorat: Anja Kunze

www.tessloff.com

ISBN: 978-3-7886-4220-4

Dieses Buch entstand in Zusammenarbeit mit dem
Deutschen Zentrum für Luft- und Raumfahrt (DLR),
das den Text auf fachliche Richtigkeit geprüft hat.

DLR Deutsches Zentrum für Luft- und Raumfahrt

1. Dezember

„Wo wir Weihnachten feiern werden?“, wiederholte Tom. „Na, im Space Camp 1, denke ich.“
„Also ohne Freunde und Eltern?“, fuhr Stella fort.
„Aber mit mir“, schnurrte Plutinchen, die über ihren Köpfen an der Decke ins Wohnmodul gelaufen kam.
„Deine Eltern sind noch bis zum Februar in Ocean City, dieser neuen Forschungsstation im Pazifischen Ozean“, sagte Tom. „Meine Mutter hilft in der Antarktis aus. Da geht im Winter gar nichts. Und mein Vater ist mal wieder auf dem Mars.“
„Was ist mit Ming und Hu?“, fragte Stella.
„Die sind noch immer bei ihren Eltern auf dem Mond“, wusste Plutinchen.
„Du siehst, wir werden hier feiern“, lächelte Tom.
„Den Weihnachtsbaum habe ich noch im Astrofon gespeichert.“
„Ein holografischer Weihnachtsbaum“, maulte Stella.
„Im letzten Jahr hatten wir einen echten.“
„Der war ja auch traumhaft“, gab Tom zu. „Aber den werden wir nicht jedes Jahr bekommen. Wir sind eben Astronauten. Komm, wir kümmern uns um die Geschenke und bereiten alles vor. “

„Ja, du hast natürlich recht“, stimmte Stella zu. „Bereiten wir alles vor. Es wird bestimmt wieder ganz toll.“

„Ihr Menschen mit euren Festen“, miaute Plutinchen. „Das werde ich nie verstehen. Es ist doch bloß eine Feier, die auch noch jedes Jahr zur selben Zeit stattfindet und schon so oft gefeiert worden ist.“

„Das verstehst du wirklich nicht“, entgegnete Tom. „Weihnachten ist und bleibt etwas ganz Besonderes. Für uns Menschen.“

„Bodenstation an Major Tom, bitte kommen!“, tönte es plötzlich aus dem Lautsprecher.

Tom und Stella stießen sich von der Bordwand ab und schwebten zum nächsten Monitor.

„Hier ist Major Tom“, meldete sich Tom. „Was gibt es?“

„Bei uns ist eine Videobotschaft vom Mars eingetroffen“, erklärte eine freundliche Frau. „Sie ist von deinem Vater. Von Major Tom an Major Tom. Er konnte sie nicht direkt zum Space Camp 1 übermitteln.“

„Immer her damit!“, strahlte Tom.

„Na, da bin ich aber gespannt“, freute sich auch Stella.

2. Dezember

„Hier ist die Videobotschaft", sagte die Frau und verschwand vom Monitor. Dafür erschien jetzt der große Major Tom.
„Lieber Tom, liebe Stella", begann Toms Vater. „Ein Funksignal braucht derzeit vom Mars zur Erde etwa zwanzig Minuten. Wir können uns deshalb leider nicht direkt unterhalten. Ihr bekommt also wieder einmal einen Clip von mir. Wie immer hoffe ich, dass es euch auf Space Camp 1 gut geht. Bestimmt freut ihr euch schon auf Weihnachten und trefft bereits Vorbereitungen. Auch ich hab' eine Menge zu tun, denn ich erwarte euch zu Weihnachten hier auf dem Mars."
„Orbital!", entfuhr es Tom.
„Weihnachten auf dem Mars!", jubelte Stella.
„Menschen", schnurrte Plutinchen.
„Ja, ihr habt richtig gehört", sagte der große Major Tom. „Ich habe dafür die Genehmigung der Raumfahrtbehörde bekommen. Sie stellt auch die Energie für das Wurmloch zur Verfügung. Allerdings müsst ihr Zwischenstation auf dem Mond machen. Von dort müsst ihr ein paar wichtige Geräte zum Mars mitbringen. Geräte, die auf dem Mond entwickelt worden sind."

„Nicht nur zum Mars“, lachte Tom, „sondern vorher auch noch zum Mond!“
„Außerdem habe ich mit den Eltern von Ming und Hu gesprochen“, erklärte Toms Vater. „Ihr dürft sie zum Mars mitbringen. Und Nèng Nèng natürlich auch.“
„Nèng Nèng?“, schnurrte Plutinchen. „Das klingt nach einer Roboterparty.“
„Das klingt nach einer Weihnachtsparty auf dem Mars!“, freute sich Stella. „Wir feiern Weihnachten auf dem Mars! Mit Ming und Hu!“
„So, Tom und Stella, das war's auch schon“, verabschiedete sich der große Major Tom. „Die Einzelheiten und der Starttermin folgen noch. Die Bodenstation und die Mondbasis werden sich bei euch melden. Ihr könnt ja schon mal mit Ming und Hu sprechen. Ihre Eltern haben noch nichts verraten. Bis dann. Macht's gut. Ich freue mich auf Weihnachten!“
„Wir auch!“, rief Tom, obwohl ihn sein Vater gar nicht hören konnte. „Bis dann, Papa!“
„Was machen wir jetzt?“, fragte Stella aufgeregt.
„Wir sprechen sofort mit Ming und Hu“, antwortete Tom. „Die werden Augen machen!“

3. Dezember

„Mondbasis, bitte kommen! Mondbasis, bitte kommen!", sprach Stella ins Mikrofon. „Hier ist Space Camp 1, bitte kommen!" Da der Mond nur rund 384 000 Kilometer von der Erde entfernt ist, brauchte das lichtschnelle Funksignal nur etwas mehr als eine Sekunde. Mit Menschen auf dem Mond zu sprechen, war also kein Problem.

„Hier ist die Mondbasis. Was kann ich für euch tun?", antwortete nach kurzer Zeit ein Mann in einem blauen Overall.

„Wir möchten gerne mit Ming und Hu sprechen", sagte Stella.

„Einen Augenblick", lächelte der Mann. „Ich verbinde."

„Hoffentlich sind sie nicht irgendwo auf dem Mond unterwegs", meinte Tom.

„Dann melden wir uns eben, wenn sie wieder zurück sind", erwiderte Stella, doch das war nicht nötig, denn auf dem Monitor war plötzlich Ming zu sehen.

„Nǐ hǎo", begrüßte sie das chinesische Mädchen. „Schön, dass ihr uns anfunkt. Wie geht es euch?"

„Besonders gut", antwortete Stella. „Wir sind mit Weihnachtsvorbereitungen beschäftigt. Und was macht ihr?"

„Wir kommen gerade von einer Expedition zurück",

berichtete Ming. „Wir haben mit unseren Eltern den Mondkrater Tycho besucht. Das ist der große Krater, von dem mehrere Strahlen ausgehen. Die sind beim Einschlag entstanden. Tycho kann man von der Erde aus sehen."

„Das hört sich echt toll an", meinte Stella. „Aber wir haben auch eine tolle Nachricht."

„Ihr kommt uns besuchen!", riet Ming.

„Fast richtig", meldete sich Tom zu Wort.

„Das verstehe ich nicht", wunderte sich Ming. „Wie kann man jemanden denn fast besuchen?"

„Wir fliegen zum Mond. Aber nur, um euch dort abzuholen", erklärte Tom angeberisch.

„Uns abholen?", staunte Ming. „Was habt ihr vor?"

„Wir fliegen mit euch zum Mars!", rief Stella. „Wir feiern mit euch Weihnachten auf dem Mars!"

„Zum Mars?", wiederholte Ming, klang aber nicht wirklich überzeugt.

„Weihnachten auf dem Mars?", fragte jetzt auch Hu, der neben Ming auf dem Monitor erschien. „Klingt gut."

„Selbst wenn das kein schräger Witz von euch ist", entgegnete Ming. „Unsere Eltern werden das nie erlauben."

4. Dezember

„Das haben sie schon", grinste Tom. „Mein Vater hat mit ihnen gesprochen. Sie haben euch nur noch nichts verraten."
„Und das ist kein schräger Witz", versicherte Stella. „Wir holen euch ab. Ihr könnt schon mal eure Sachen packen. Aber möglichst wenig. Wir haben im Space Racer kaum Platz."
„Chāo!", riefen Ming und Hu und tanzten vor dem Monitor, wobei sie wie große Gummibälle durch den Raum hüpften, da der Mond nur ein Sechstel der irdischen Schwerkraft besitzt. Die beiden jungen Taikonauten mussten aufpassen, um sich nicht die Köpfe zu stoßen.
„Chāo heißt super", übersetzte Plutinchen.
„Habe ich mir fast gedacht", sagte Stella und schlug einen übermütigen Salto in der Luft.
„Menschen", miaute Plutinchen nicht zum ersten Mal.
„Vielleicht könntet ihr mir kurz noch eine Frage beantworten?", sprach Tom ins Mikrofon.
„Natürlich", antwortete Hu.
„Ihr habt nicht rein zufällig einen Weihnachtsbaum auf dem Mond, den wir uns ausleihen könnten?", wollte Tom wissen.
„Einen Weihnachtsbaum?", wiederholte Hu lachend.

„Nein, da müssen wir euch enttäuschen", antwortete Ming und bemühte sich, ernst zu wirken. „Und den Weihnachtsbaumverleih gibt es auch schon seit vielen Jahren nicht mehr."

„Die Nachfrage war einfach zu gering", erklärte Hu. „Außerdem haben die Leute die Weihnachtsbäume nur selten wieder zurückgegeben."

„Hab' ich mir schon fast gedacht", sagte Tom ein wenig traurig. „War ja auch nur so eine Idee. Aber wir haben ja immer noch den holografischen Weihnachtsbaum."

„Hauptsache, wir sehen uns wieder", meinte Ming.

„Das finde ich auch", stimmte Stella zu.

„Wann müssen wir startbereit sein?", fragte Hu.

Tom und Stella blickten Plutinchen an.

„Die Flugdaten von der Bodenstation treffen in diesem Moment ein", schnurrte die Roboterkatze. „Wir müssen schon übermorgen starten; sonst können wir das Wurmloch zum Mars nicht nutzen. Der Flug bis zur Mondbasis dauert zwar nur acht Stunden, aber dort müssen wir Treibstoff tanken."

„Übermorgen?", rief Stella überrascht. „Das ist doch nicht zu schaffen!"

5. Dezember

„Für uns ist das kein Problem", strahlte Ming. „Wir könnten schon in einer Stunde starten."
„Aber wir leider nicht!", meinte Stella etwas gestresst. „Wir müssen nämlich noch das Space Camp 1 auf unsere Abwesenheit vorbereiten. Wir müssen alle Systeme komplett überprüfen, das Gewächshaus kontrollieren und auf vollautomatischen Betrieb umstellen. Wir müssen auch noch das große Teleskop einfahren, wir müssen im Wohnmodul aufräumen und unsere Sachen packen. Wir müssen die Geschenke verpacken, wir müssen ..."
„... Ruhe bewahren", fiel ihr Tom ins Wort. „Das schaffen wir schon alles."
„Denk an letztes Jahr, wie lange wir da gebraucht haben", gab Stella zu bedenken.
„Ihr habt doch noch zwei Tage", sagte Ming. „Zwei volle Tage. Das ist viel Zeit."
„Auf dem Mond vielleicht", widersprach Stella. „Aber hier ist das ganz wenig Zeit. Ich glaube sogar, dass die Tage in den letzten Jahren irgendwie geschrumpft sind. Früher waren sie jedenfalls länger."
„Ein Erdentag, also eine Umdrehung der Erde um ihre

Achse, dauert genau 23 Stunden, 56 Minuten und 4,10 Sekunden", entgegnete Plutinchen. „Früher, also vor rund viereinhalb Milliarden Jahren, war ein Tag wesentlich kürzer und hat wahrscheinlich nur etwa sechs Stunden gedauert. Vor 500 Millionen Jahren hat ein Tag vermutlich etwa zwanzig Stunden gedauert. Die Tage werden also länger und nicht kürzer."

„Wie ist denn das möglich?", wunderte sich Tom.

„Das flüssige Material im Inneren der Erde, der Mond und die von ihm hervorgerufenen Gezeiten bremsen die Erdrotation langsam ab", erklärte Plutinchen.

„Das mag ja alles stimmen", nickte Stella, „aber mir kommt das ganz anders vor."

„Zeit wird von den Menschen ganz unterschiedlich wahrgenommen", fuhr Plutinchen fort. „Wenn man wartet und wenig zu tun hat, kann ein Tag sehr lang sein. Wenn man viel zu tun hat und viel passiert, kann ein Tag dagegen sehr kurz wirken."

„Genau das meine ich", bestätigte Stella.

„Also wenn das so ist, sollten wir die Weihnachtsfeier auf dem Mars wohl besser verschieben", meinte Hu.

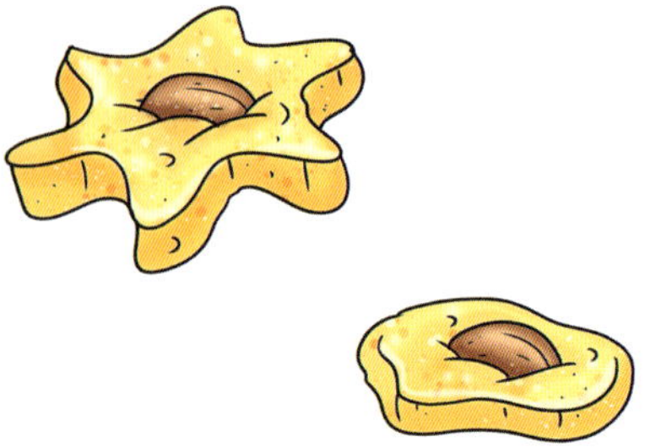

6. Dezember

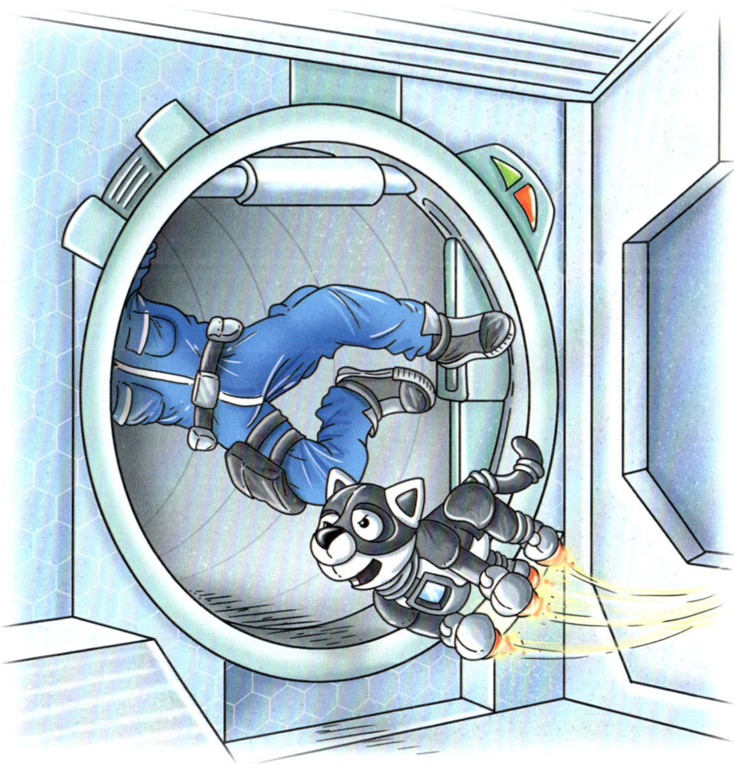

„Nein!", rief Stella ins Mikrofon. „So war das nicht gemeint! Wir fangen auch sofort mit den Vorbereitungen an. Ich bin schon auf dem Weg ins Gewächshaus."
Stella stieß sich mit viel Kraft von der Bordwand ab und schwebte zum Versorgungsmodul, in dem das Gewächshaus untergebracht war.
„Dann bleibt es bei eurem Angebot?", fragte Ming grinsend.
„Na klar", freute sich Tom. „Wir werden es schon schaffen. Bis bald. Wir freuen uns."
„Wir auch", sagte Ming und winkte kurz zum Abschied.
Dann erlosch der Monitor. Auch Tom stieß sich nun ab und schwebte zur Luftschleuse. Plutinchen startete ihre Düsenpfoten und folgte ihm. Normalerweise ging sie zu Fuß an der Bordwand entlang, aber da sie es jetzt eilig hatten, flog sie lieber.
Während Stella sich um das Gewächshaus kümmerte, machten Tom und Plutinchen den Space Racer startklar.
„Wir müssen alles ausbauen, was wir nicht unbedingt benötigen", erklärte Tom. „Wir brauchen Platz für vier

Menschen, zwei Roboter und diese neue Erfindung, von der mein Vater gesprochen hat. Ach ja, und unsere Geschenke müssen auch noch mit an Bord."

„Das ist keine leichte Aufgabe", stellte Plutinchen fest. „Der Space Racer zählt nicht zu den großen Raumschiffen, mit denen die Erwachsenen durchs All fliegen."

„Dafür passt er bequem durch das Wurmloch", bemerkte Tom. „Also los! Lass uns überlegen, was wir ausbauen können."

„Wenn ihr wirklich nur zum Mond und dann durch das Wurmloch zum Mars fliegt, dann würde ich die Toilette ausbauen", schlug die Roboterkatze vor. „Das schafft sehr viel Platz und verringert spürbar das Gewicht. Den Ausbau anderer Teile können wir uns dann sparen."

„Meinst du wirklich? Der Flug zum Mond dauert acht Stunden", gab Tom zu bedenken.

„Für den Notfall habt ihr ja die Astronautenwindeln", schnurrte Plutinchen.

„Die mag ich zwar ganz und gar nicht, aber das stimmt natürlich", sagte Tom. „Gut, dann bauen wir die Toilette aus."

7. Dezember

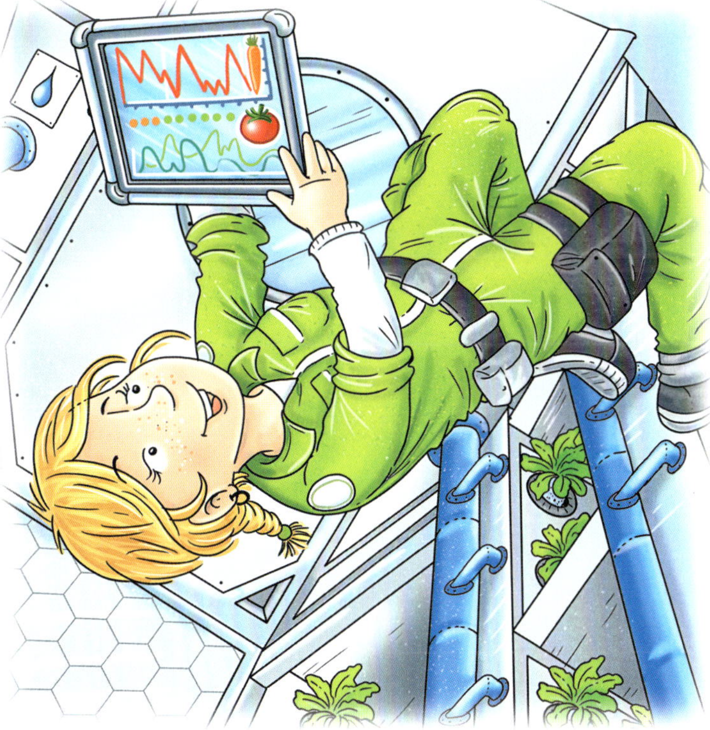

Stella sah auf die Anzeigen im Gewächshaus und anschließend auf ihre jungen Tomatenpflanzen. Auch mit den Radieschen war sie zufrieden. Nur die Möhren hatten nicht die Größe, die sie erwartet hatte. Also erhöhte sie die Zufuhr von Nährstoffen. Als sie fertig war, stellte sie das Gewächshaus auf Automatik um. Von nun ab überwachte ein Computerprogramm jede Pflanze. Das tat Stella zwar lieber selbst, aber wenn sie das Space Camp 1 verließen, ging das nicht anders.

„Wie weit seid ihr?“, fragte sie über Funk.

„Der Space Racer ist startklar“, meldete Tom.

„Na, das ging aber flott“, wunderte sich Stella.

„Jetzt kümmern wir uns um das große Teleskop“, sagte Tom.

„Das geht ja schneller, als ich gedacht habe“, meinte Stella. „Ich werde mich gleich mal um das Wohnmodul kümmern.“

„Bestens“, freute sich Tom. „Dann bleibt morgen noch genug Zeit für die restlichen Vorbereitungen.“

„Und für die Geschenke“, ergänzte Tom.

„Zum Glück haben wir sie in diesem Jahr rechtzeitig besorgt“, sagte Stella. „Die Geschenke für Ming und Hu

brauchen wir auch nicht zum Versorgungsraumschiff bringen, das zum Mond fliegt."
„Nein, wir fliegen ja selbst", freute sich Tom. „Ich bin gespannt, was sie sagen."
„Und ich bin gespannt, was sie für uns besorgt haben", meinte Stella. „Auf dem Mond gibt es ja nicht so viel zu kaufen."
„Sie könnten doch wie wir etwas auf der Erde bestellt haben", warf Tom ein. „Was wir können, das können die Menschen auf dem Mond auch."
„Stimmt, das hatte ich ganz vergessen", sagte Stella. „Bestimmt ist es etwas aus China."
„Sehr wahrscheinlich", stimmte Tom zu. „Ich hoffe, es sind keine Hühnerfüße. An die kann ich mich einfach nicht gewöhnen."
„Auf keinen Fall", versicherte Stella. „Die wissen doch, dass wir die nicht so gerne mögen."
„Vielleicht ein Penjing-Baum?", riet Tom. „So ein kleiner Baum, den man in Japan Bonsai nennt. Wir haben doch neulich darüber gesprochen. Das könnte ich mir vorstellen."

8. Dezember

„Stimmt“, nickte Stella. „Ming und Hu lieben diese kleinen Bäumchen. Und deren Züchtung stammt ja auch aus China und nicht aus Japan.“
„Vielleicht haben sie ja einen Penjing-Weihnachtsbaum gezüchtet?“, vermutete Tom.
„Genau“, stimmte Stella zu. „Deshalb haben sie sich auch über die Frage nach dem Weihnachtsbaum lustig gemacht.“
„Außerdem passt so ein Penjing-Baum bequem in ein Raumschiff“, meinte Tom. „So ein Zwerg ist ja nur zehn oder fünfzehn Zentimeter groß.“
„Beim Mann im Mond“, lächelte Stella, „das könnte tatsächlich die Lösung sein. Ming und Hu haben einen Penjing-Weihnachtsbaum. Wir werden also doch einen echten Baum haben.“
„Verrate bloß nicht, dass wir Bescheid wissen“, riet Tom. „Wir dürfen uns nichts anmerken lassen.“
„Auf keinen Fall“, kicherte Stella. „Das wird ein Spaß!“
„Wir können den Space Racer jetzt beladen“, meldete sich Plutinchen zu Wort. „Ich habe die komplette Technik überprüft.“
„Sehr gut“, sagte Tom. „Wir treffen uns im Wohnmodul. Jeder hat seine Sachen dabei.“

„Okay“, bestätigte Stella.

Eine halbe Stunde später schwebten Tom und Stella ins Wohnmodul, wobei jeder aus einem anderen Modul kam. Jeder hatte die typischen Astronautenkoffer dabei und war bester Laune, die jedoch mit einem Schlag verflog.

„Drei Koffer?“, fragte Tom, als er Stellas Gepäck sah. „Ich habe nur zwei.“

„Dafür aber die ganz großen“, verteidigte sich Stella. „Ich habe drei von den kleinen Koffern. Die kann man viel leichter verstauen.“

„Die großen Koffer kann man auch leicht verstauen, denn Plutinchen und ich haben die …“, wehrte sich Tom.

„Ganz egal, was ihr gemacht habt, die großen Koffer sind einfach zu groß“, fiel ihm Stella ins Wort.

„Aber die hatte ich bei unserem letzten Flug zum Mars auch mit“, gab Tom zu bedenken.

„Das mag ja sein, aber da waren nur wir an Bord“, erwiderte Stella.

„Das hatte ich ganz vergessen“, gestand Tom ein. „Wir haben ja noch Ming und Hu an Bord.“

„Und deren Gepäck“, fuhr Stella fort. „Und dann auch noch Plutinchen und Nèng Nèng.“

9. Dezember

„Wie viele Koffer können wir verstauen?“, fragte Tom. Die Roboterkatze betrachtete die Koffer und konnte die Frage umgehend beantworten: „Jeder von euch kann einen der kleinen Koffer mit an Bord nehmen. Das gilt auch für Ming und Hu.“

„Was?!“, empörte sich Stella. „Das kann doch nicht sein. Bestimmt hast du dich verrechnet.“

„Bestimmt nicht“, miaute Plutinchen. „Ich habe alles genau vermessen. Ihr könnt nur zwei Koffer mitnehmen.“

„So ein Mist!“, schimpfte Stella. „Was machen wir jetzt?“

„Wir packen unsere Sachen noch einmal“, schlug Tom vor. „Jeder bekommt einen von deinen Koffern.“

„Das ist ein guter Vorschlag“, schnurrte Plutinchen. „Fangt gleich an, denn die Zeit läuft.“

Hektisch öffneten Tom und Stella ihre Astronautenkoffer und ließen den Inhalt ins Modul schweben. Jeder nahm sich einen kleinen Koffer und wählte aus.

„Das T-Shirt mit Juri Gagarin darauf, das brauche ich unbedingt“, entschied Stella.

„Ich nehme das mit Alexander Gerst“, sagte Tom und fischte das T-Shirt aus der Kleiderwolke.

„Mein Overall“, fuhr Stella fort.
„Meine langen Socken“, sagte Tom.
„Wo ist meine Zahnbürste?“, rief Stella.
„Und meine extralange Weltraumthermounterhose?“, meinte Tom.
„Die fliegt gerade Richtung Servicemodul“, antwortete Stella.
Es dauerte nicht lange und im Wohnmodul tanzten Koffer, Hosen, Taschen und T-Shirts durch die Luft, während Tom und Stella versuchten, sie einzufangen.
„Was für ein Chaos“, schnurrte Plutinchen und flüchtete an der Bordwand entlang, um nicht aus Versehen in einem der Koffer zu landen.
„Meine Hose!“, freute sich Stella. „Ich hab’ meine Hose wieder!“
„Das ist nicht deine Hose“, entgegnete Tom.
„Und warum nicht?“, fragte Stella.
„Weil ich sie rein zufällig gerade anhabe“, antwortete Tom. „Es ist also wohl eher meine Hose.“
„Tut mir leid, kann passieren“, meinte Stella und ließ Toms Hosenbein wieder los.
„Wo ist denn mein Koffer?“, wunderte sich Tom.
„Er schwebt über deinem Kopf“, sagte Stella.

10. Dezember

„Plutinchen an Tom und Stella!“, hallte plötzlich eine Lautsprecherdurchsage durch die Raumstation.
„Wenn ihr dieses Spiel noch lange spielt, werden wir Weihnachten hier an Bord verbringen. Wir müssen so schnell wie möglich den Space Racer beladen.“
Tom und Stella sahen sich an.
„Aua!“, schimpfte Tom, denn Stellas Koffer traf ihn unsanft am Kopf.
„Blödes Ding!“, beschwerte sich Stella, denn ein Schuh streifte plötzlich ihre Nase.
Wieder sahen sie sich an.
„Plutinchen hat recht“, murrte Tom. „Wir müssen endlich unsere Sachen packen. Sonst schaffen wir es nicht mehr rechtzeitig. Also, was brauchen wir wirklich?“
„Okay, legen wir los. Aber diesmal richtig“, pflichtete ihm Stella bei. „Stopfen wir erst einmal die Sachen in die großen Koffer, die wir nicht brauchen.“
Tom und Stella kreisten und ruderten durch das Wohnmodul und fingen Hosen, Hemden und Socken ein, bis nur noch ein paar Kleidungsstücke in der Luft schwebten.
„Das sind die Sachen, die wir wirklich brauchen“, stellte

Stella fest. „Und die packen wir jetzt in die kleinen Koffer."
„Na endlich", schnurrte Plutinchen. „Das wurde auch Zeit."
„Was nimmst du eigentlich mit?", fragte Tom.
„Zwei Ersatzakkus", antwortete die Roboterkatze. „Sonst brauche ich nichts."
„Roboter müsste man sein", meinte Tom.
„Ich bin lieber Mensch", entgegnete Stella und schloss ihren Koffer. „Wenn wir den Space Racer beladen haben, müssen wir noch die Systeme der Raumstation kontrollieren. Morgen können wir dann starten. Essen und schlafen wollen wir ja auch noch."
„Ich glaube, das schaffen wir", meinte Tom und griff sich die beiden kleinen Koffer. „Ich verstaue sie im Space Racer."
„Ich bringe die anderen Koffer zurück ins Schlafmodul", sagte Stella. „Was ist mit den Geschenken?"
„Die habe ich längst an Bord gebracht", antwortete die Roboterkatze. „Zum Glück habt ihr ja nur ein paar Kleinigkeiten besorgt."
„Bei Geschenken kommt es ja nicht drauf an, wie groß sie sind und wie viel es ist", erklärte Stella.

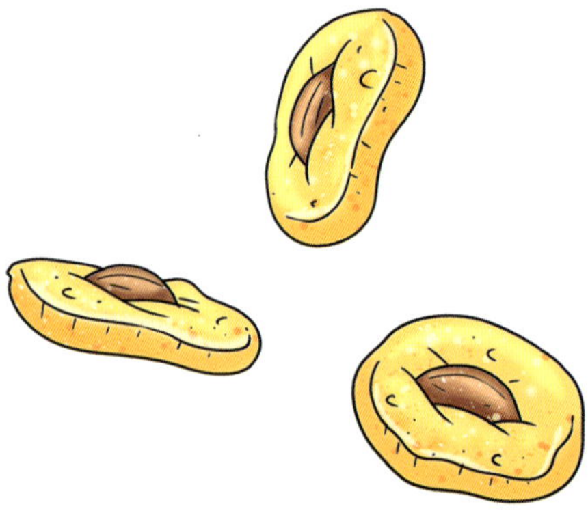

11. Dezember

Am nächsten Tag hatten sich Tom und Stella im Space Racer angeschnallt und betrachteten das große Display. Anzeigen leuchteten auf, kleine Signale blinkten. Plutinchen hatte es sich in ihrer Sitzschale bequem gemacht.

„Major Tom an Bodenkontrolle. Bin bereit zum Check", sprach Tom ins Mikrofon.

„Check beginnt", antwortete eine Stimme.

„Treibstoff okay. Sauerstoff okay. Akkus geladen."

Es dauerte eine Weile, bis Tom die Liste durchgesehen hatte. Aber es war alles in Ordnung.

„Major Tom an Bodenkontrolle. Wir sind startklar."

„Guten Flug!", sagte der Mann von der Bodenkontrolle. „Die Daten für das Wurmloch bekommt ihr dann auf dem Mond."

„Alles klar", sagte Tom und löste die Verbindung des Raumschiffs zur Raumstation. Dann benutzte er die Steuerdüsen. Anschließend zündete er die Haupttriebwerke. Als hätte sie eine Riesenfaust gepackt, wurden sie in die Sitze gedrückt. Der Space Racer beschleunigte, um die nötige Geschwindigkeit für einen schnellen Flug zum Mond zu erreichen. Dann schalteten die Triebwerke ab. Da es keinen Luftwiderstand wie

in der Atmosphäre gab, behielt das Raumschiff die Geschwindigkeit auch ohne Antrieb bei.
„In ein paar Stunden sind wir da“, sagte Stella nach einiger Zeit. „Ich freue mich schon auf Ming und Hu.“
„Ich bin gespannt, wie die auf dem Mond leben“, meinte Tom.
„Die Mondstation ist in diesem Jahr wieder einmal vergrößert worden“, wusste Tom. „Vielleicht haben sie gar nicht so kleine Kabinen.“
„Kabine, das ist das Stichwort“, lachte Stella und löste ihren Sicherheitsgurt. „Ich geh’ nur mal schnell aufs Klo.“
Tom riss seine Augen auf und drehte sich langsam zu Stella um.
„Was ist denn mit dir los?“, fragte sie. „Geht es dir nicht gut?“
„Du kannst jetzt nicht aufs Klo gehen“, sagte er leise.
„Natürlich kann ich aufs Klo gehen“, entgegnete sie.
„Ich kann aufs Klo gehen, wann ich will.“
„Diesmal leider nicht“, flüsterte er fast.
„Und warum nicht?“, fragte Stella empört.
„Plutinchen und ich haben das Klo ausgebaut“, gestand Tom.

12. Dezember

„Ihr habt was gemacht?“, wurde Stella laut.
„Na ja, wir haben das Klo ausgebaut“, wiederholte Tom. „Damit haben wir viel Gewicht und Platz eingespart.“
„Wir haben also kein Klo mehr an Bord?“, fragte sie misstrauisch.
„Nein. Es ist ja auch nicht lang bis zur Mondbasis“, erklärte Tom. „Die kann man gut durchhalten.“
„Du vielleicht, ich aber nicht“, zischte Stella. „Außerdem habt ihr mir kein Wort davon gesagt.“
„Ich wollte es dir die ganze Zeit erklären, aber es kam immer etwas dazwischen“, rechtfertigte sich Tom.
„Und was soll ich jetzt machen?“, beschwerte sich Stella. „Soll ich etwa nach draußen gehen und mich hinter einen Busch hocken?“
„Ich glaube nicht, dass es hier irgendwo einen Busch gibt“, meinte Tom. „Höchstens ein paar kleine Meteoroiden.“
„Danke für den Hinweis!“, schimpfte Stella.
„Wir haben ja noch die Astronautenwindeln“, versuchte er, sie zu beruhigen.
„Die sind für den Notfall“, fauchte sie.
„Dies ist ein Notfall“, erklärte er.
„Noch nicht ganz“, erwiderte sie. „Können wir nicht noch etwas beschleunigen?“

„Ja, das wäre möglich“, miaute Plutinchen. „Ich kann einen neuen Kurs berechnen und einen neuen Zeitpunkt für die Zündung der Bremsraketen.“

„Aber schnell“, rutschte Stella auf ihrem Sitz hin und her.

„Bin schon fertig“, miaute Plutinchen.

„Dann starte ich noch mal die Triebwerke“, sagte Tom.

Gleich darauf wurden sie wieder in die Sitze gedrückt, denn der Space Racer beschleunigte.

„Wie lange noch?“, fragte Stella.

„Zwei Stunden“, antwortete Plutinchen.

„Was?“, zischte sie.

„Schneller geht es nicht“, versicherte Plutinchen.

„Ist dies ein Raumschiff oder ein Ruderboot?“, maulte Stella.

„Sollen wir die Mondstation vorwarnen?“, schlug Tom vor.

„Unbedingt!“, antwortete Stella. „Höchste Alarmstufe! Sie sollen alle Hindernisse aus dem Weg räumen. Die Leute sollen in ihren Kabinen bleiben. Bis auf den Notarzt und die Feuerwehr natürlich. Sag mal, musst du eigentlich nicht?“

„Jetzt, wo du es sagst“, gestand Tom. „Ich glaube, ich muss auch mal.“

„Menschen“, miaute Plutinchen.

13. Dezember

Tom und Stella rutschten auf ihren Sitzen herum und starrten auf die Uhr, auf der die verbleibende Zeit bis zur Ankunft angezeigt wurde. Der Space Racer hatte längst abgebremst und umkreiste bereits den Mond, um dann zur Landung anzusetzen.

„Ich habe euch ja gesagt, dass Zeit ganz unterschiedlich wahrgenommen wird“, erklärte Plutinchen. „An einem anderen Tag hättet ihr bestimmt gesagt: Wir sind gleich da. Doch heute zählt ihr jede Sekunde und denkt: Das dauert ja noch soooo lange.“

„Du hast gut reden“, entgegnete Stella. „Du musst ja nie aufs Klo.“

„Wir müssen noch ein paar Minuten durchhalten“, sagte Tom. „Nur ein paar Minuten.“

„Das werden sehr lange Minuten“, stöhnte Stella.

„Wir verlassen jetzt die Umlaufbahn und nähern uns der Mondstation“, erklärte Tom mit Schweißperlen auf der Stirn. „Gleich landen wir.“

„Geht das nicht schneller?“, fragte Stella.

„Das ist der normale, automatische Landeanflug“, antwortete Plutinchen.

„Der ist aber langsam“, jammerte Tom. „War der früher nicht schneller?“

„Jetzt habt doch Geduld, wir setzen ja gleich schon auf“, schnurrte Plutinchen.
Ohne dass Tom den Joystick berührte, näherte sich der Space Racer der großen Landeplattform der Mondbasis. Er schwebte kurz über dem blinkenden Landekreuz und setzte dann sanft auf. Von dem Wartungsgebäude her näherte sich ein Landerüssel, also ein beweglicher, röhrenförmiger Tunnel, und dockte an den Space Racer an. Dank dieses Landerüssels brauchten sie die Luftschleuse nicht zu benutzen und konnten direkt zum Terminal der Basis gehen. Das war so ähnlich wie bei Passagierbrücken an Flughäfen.
„Verbindung gesichert“, meldete eine Computerstimme. „Druck stabil.“
„Raus!“, rief Stella, die bereits ihren Gurt gelöst hatte. „Nichts wie raus!“
Tom und Stella schlängelten sich durch die Kabine zur Tür und versuchten, so schnell wie möglich durch den Landerüssel zu gelangen. Das war gar nicht so einfach, denn schnell konnte man auf dem Mond nicht laufen. Die Schwerkraft war einfach zu gering.
„Vorsicht!“, rief Stella. „Macht Platz!“

14. Dezember

„Aus dem Weg!“, rief Tom dem Wartungspersonal zu, das sie am Ausgang des Rüssels erwartete. „Dies ist ein galaktischer Notfall!“
Tom und Stella hüpften, so gut es ging, durch den Kontrollraum des Terminals und suchten die Toiletten.
„Links“, sagte ein Mann, der ganz offensichtlich erraten hatte, wo das Problem lag.
„Danke“, keuchte Tom, stieß sich ab und traf mit dem Kopf die Decke.
„Langsam“, mahnte der Mann. „Ihr müsst euch erst an die Mondschwerkraft gewöhnen.“
„Da sind sie!“, strahlte Stella.
„Da sind sie!“, riefen Ming und Hu, die ihre Freunde am Ausgang des Terminals erwarteten. Freudig hüpften sie auf Tom und Stella zu, die ihnen jedoch nicht in die ausgebreiteten Arme fielen, sondern in der Toilette verschwanden.
„Was soll denn das bedeuten?“, fragte Ming verwundert.
„Dass die Bordtoilette defekt ist“, antwortete Hu.
„Verstehe“, sagte Ming.
In der Toilette öffneten Tom und Stella sofort die Verschlüsse für den Notfall. Aber auch das dauerte eine ganze Weile.

„Wie sieht es bei dir aus?“, fragte Stella aus ihrer Kabine.
„Ich bin gleich so weit“, schnaufte er.
Draußen konnten Ming und Hu inzwischen Plutinchen begrüßen, die erst jetzt aus dem Terminal angeflogen kam. Sie hatte sich um den Space Racer und um die erforderlichen Angaben beim Bodenpersonal kümmern müssen. Nèng Nèng, der Pandaroboter, flog ebenfalls in der Luft und freute sich, Plutinchen wiederzusehen.
„Ist eure Bordtoilette kaputt?“, fragte Ming.
„Nein, die funktioniert einwandfrei“, antwortete Plutinchen.
„Komisch“, wunderte sich Hu. „Aber warum haben es Tom und Stella dann so eilig?“
„Weil die Bordtoilette gar nicht an Bord ist“, erklärte Plutinchen. „Wir haben sie nämlich ausgebaut, um Platz zu sparen.“
„Alles klar“, lächelte Ming. „Und die Rastplätze zwischen Erde und Mond waren wohl alle belegt.“
„Dort gibt es gar keine Rastplätze“, erklärte Plutinchen.
„Natürlich nicht“, bestätigte Ming. „Das war ein Spaß.“
„Ach so“, miaute Plutinchen, deren Chip Humor nicht verarbeiten konnte.

15. Dezember

Endlich öffnete sich die Tür zur Toilette und Stella und Tom erschienen. Ihre Raumanzüge trugen sie im Arm. Beide machten ein erleichtertes Gesicht.
„Alles wieder in Ordnung?“, fragte Ming.
„Das war mehr als knapp“, antwortete Stella und begrüßte die chinesischen Freunde.
„Das war seit Langem der größte Notfall“, gestand Tom ein. „Wenn wir nicht noch einmal beschleunigt hätten, wäre da einiges in die Hose gegangen.“
„Musstet ihr die Toilette wirklich ausbauen?“, fragte Hu nach.
„Ja. Es ging nicht anders“, erklärte Tom. „Plutinchen hat alles durchgerechnet. Bei einem kurzen Flug ohne Gepäck ist das ja auch kein Problem. Aber bei einem längeren Flug schon. Der Space Racer ist eben ein kleines Raumschiff.“
„Jetzt habt ihr es ja geschafft“, tröstete sie Ming.
„Kommt mit in unsere Kabine Wann starten wir?“
„In vier Stunden und zehn Minuten“, antworteten Plutinchen und Nèng Nèng gleichzeitig.
„Dann haben wir ja ein bisschen Zeit“, freute sich Hu.
„Die Internationale Mondstation kennt ihr ja schon.“

„Nein, wir waren zwar schon auf dem Mond, nicht aber auf der Mondbasis. Wir haben uns den Landeplatz von Apollo 11 angesehen“, berichtete Stella.

„Und an die Schwerkraft auf dem Mond können wir uns auch noch gut erinnern“, fügte Tom hinzu und fasste sich kurz an den Kopf. „Die Schwerkraft auf dem Mars ist auch nicht so viel besser.“

„Nachdem ihr jetzt ja Platz geschaffen habt, können wir doch einen Tee trinken“, schlug Ming vor. „Wir haben nämlich auch Space Tea.“

„Super! Das ist jetzt genau das Richtige!“, freute sich Stella.

Mit vorsichtigen Sprüngen hüpften die vier Freunde durch die große Mondstation. Plutinchen und Nèng Nèng nutzten ihre Düsenpfoten. Dank der geringen Schwerkraft benötigten sie dafür nur wenig Energie.

Sie passierten mehrere Sicherheitsschleusen und erreichten schließlich die Kabine von Ming und Hu.

„Größer, als ich gedacht habe“, stellte Tom fest und sah sich um. Dabei fiel sein Blick auf das kleine Fenster.

„Das sind ja Bäume“, sagte er verblüfft. „Auf dem Mond wachsen doch keine Bäume.“

16. Dezember

„Das sind ja auch keine echten Bäume", lachte Ming und sprach ein chinesisches Wort. Wie von Zauberhand verschwanden die Bäume und gaben den Blick frei auf die graue Mondoberfläche.
„Virtuelle Realität", sagte Stella. „Darauf hätten wir auch kommen können."
„Das erinnert uns an unseren Wald in China", erklärte Hu. „Ab und zu schalten wir diese Fensterbilder ein."
„Das kann ich gut verstehen", meinte Tom. „Auf die Dauer ist das doch sehr viel Grau da draußen."
„Die Natur und das Grün vermisst man erst so richtig, wenn man es nicht mehr hat", erklärte Ming.
„Aber ihr habt hier doch auch ein Gewächshaus", gab Stella zu bedenken.
„Ein sehr großes sogar", sagte Ming. „So eine Station soll ja nicht vollständig von der Erde abhängig sein."
„Das wissen wir", bestätigte Tom. „Die Marsstation kann sogar ohne Lebensmittellieferungen von der Erde überleben. Die bauen dort alles selbst an. Und nicht nur Kartoffeln, wie in diesem uralten Film von dem Astronauten, der allein auf dem Mars überleben muss."
„Kartoffeln wachsen auch auf dem Mond, nicht aber die Zutaten für den Space Tea", lächelte Ming.

„Nach unserem Notfall ist das die beste Idee“, sagte Stella.
Ming und Hu hatten alles vorbereitet. Sogar aus hohen Bechern konnten sie trinken, also ganz ohne die üblichen Trinkhalme an Bord der Raumstation.
„Ihr seht, die geringe Schwerkraft des Mondes ist besser als gar keine“, meinte Hu.
„Bei Schwerkraft fällt mir ein: Wo ist eigentlich euer Bordgepäck?“, fragte Tom. „Ich möchte nicht auch noch den Antrieb ausbauen.“
„Das wäre mir lieber gewesen als das Klo“, sagte Stella leise.
„Dort steht es“, antwortete Hu. „Die beiden kleinen Koffer.“
„Das ist alles?“, staunte Tom.
„Natürlich. Habt ihr etwa mehr?“, fragte Hu.
„Nur ein kleines bisschen“, meinte Tom. „Ist kaum der Rede wert.“
„Ist es doch“, flüsterte Stella Ming zu, die neben ihr stand.
„Aber auf dem Mars soll es doch auch Waschmaschinen geben?“, gab Hu zu bedenken. „Oder stimmt das etwa nicht?“

17. Dezember

„Doch, doch, das stimmt“, erklärte Tom. „Wasser ist ja auf dem Mars genügend vorhanden. Außerdem haben sie auch 3-D-Drucker dort, die Kleidungsstücke drucken können.“

„Dann haben wir ja alles richtig gemacht“, sagte Hu erleichtert.

„Offensichtlich“, merkte Stella an und blickte auf die beiden kleinen Koffer.

„Dann ist ja alles in Ordnung“, freute sich Hu. „Lasst uns noch den Tee trinken, dann bringen wir die Koffer an Bord. Umziehen müssen wir uns auch noch.“

Tom und Stella ließen sich in die Sessel fallen, auf denen sie weich landeten. Der Tee schmeckte fast genauso wie bei ihnen an Bord oder auf der Bodenstation.

„Das ist euer Rezept“, meinte Ming.

„Das schmecken wir“, sagte Stella.

Tom sah zum Fenster hinaus auf die Mondoberfläche, die grau im Sonnenlicht schimmerte. Gerne hätte er einen kleinen Ausflug unternommen.

„Beim nächsten Mal“, sagte Stella, die seine Gedanken erraten hatte.

„Wir könnten ja mal auf dem Mond Weihnachten

feiern“, schlug Hu vor. „Unsere Eltern haben bestimmt nichts dagegen.“
„Das machen wir!“, freute sich Tom. „Wir könnten zu den verschiedenen Landeplätzen der ersten Mondmissionen fahren.“
„Das ist ein guter Vorschlag“, sagte Nèng Nèng. „Wir könnten aber auch die ersten Mondroboter besuchen.“
„Das werden wir machen“, unterstützte ihn Plutinchen. „Vielleicht funktionieren einige von ihnen noch.“
„Wir könnten schnell mal nachschauen“, schlug Nèng Nèng vor. „Noch haben wir genügend Zeit. Mein Akku ist geladen und Treibstoff für die Düsen habe ich genug.“
„Mein Akku ist auch geladen“, miaute Plutinchen. „Was meint ihr?“
„Wir sind lieber vorsichtig“, antwortete Stella. „Ich glaube, es ist besser, wenn wir alle zusammen hier warten.“
In diesem Augenblick hallte eine Durchsage durch den Raum: „An die Besatzung des Space Racers. Euer Raumschiff ist startklar und betankt. Ihr müsst spätestens in einer Stunde starten. Wir benötigen die Landeplattform für ein anderes Raumschiff. Bitte meldet euch umgehend beim Terminal.“

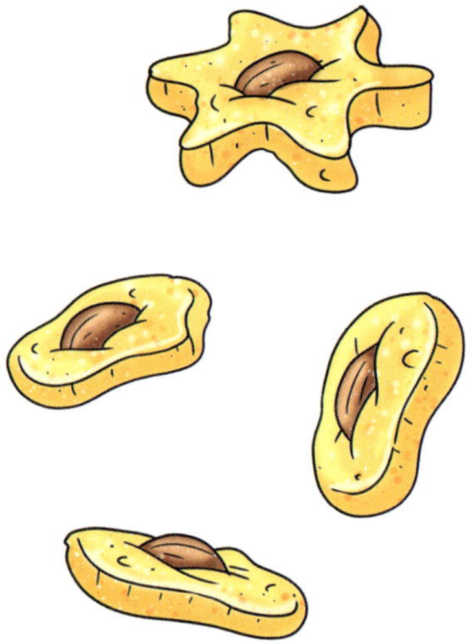

18. Dezember

„Ach du dickes Mondkalb!“, erschrak Tom und tippte schnell mit dem Finger auf seinem Astrofon: „Hier ist Major Tom. Wir sind schon auf dem Weg zum Terminal.“
„Danke, wir erwarten euch“, meldete sich eine unbekannte Stimme.
„Also los, ihr habt es gehört“, sagte Tom, stand auf und schwebte gegen die Decke. „Aua!“
„Nicht so eilig!“, sagte Stella.
„Ich habe mich noch nicht an die Schwerkraft hier gewöhnt“, ärgerte er sich und landete wieder auf dem Boden.
Ming und Hu nahmen ihre Koffer und Raumanzüge und folgten Tom und Stella zum Terminal. Plutinchen und Nèng Nèng überholten sie und flogen voraus. Vor der großen Sicherheitstür wurden sie bereits von den Eltern der beiden Taikonauten erwartet, die ebenfalls die Durchsage gehört hatten. Sie begrüßten Tom und Stella, um sich gleich darauf wieder von ihnen und ihren Kindern zu verabschieden.
„Wir wünschen euch ein schönes Weihnachtsfest auf dem Mars!“, wiederholte der Vater zum Abschied. „Und schreibt eine Postkarte!“

„Eine Postkarte?“, fragte Stella und wandte sich Ming zu. „Vom Mars?“
„Nur ein Spaß von meinem Vater“, lachte sie. „Als er jung war, hat er sich immer so gefreut, wenn er eine Postkarte bekommen hat.“
Im Terminal zogen sie ihre Raumanzüge an und trafen die letzten Startvorbereitungen.
„Ich gehe noch mal aufs Klo“, verkündete Stella, „bevor ich den Raumanzug anziehe. Man kann nie wissen.“
„Ist der Check wirklich schon abgeschlossen?“, fragte Hu.
„Wir sind fertig“, erklärte ein Mann vom Bodenpersonal. „Wir warten nur noch auf euch.“
„Was ist mit dem Wurmloch?“, fragte Tom.
„Die Daten für das Wurmloch sind gerade eingetroffen“, antwortete eine Frau mit einem Tablet in der Hand. „Sie werden bereits an eure Roboter und den Bordcomputer übermittelt. Ihr müsst pünktlich dort eintreffen. Aber das wisst ihr ja. Geht jetzt an Bord. Es wird Zeit.“
„Machen wir“, bestätigte Tom. „Also los.“
„Wir sind so weit“, nickte Hu.
„Aber wo ist Stella?“, fragte Tom und sah sich suchend um.
„Ihr müsst jetzt an Bord!“, mahnte die Frau.

19. Dezember

„Bin schon da!“, rief Stella und hüpfte zu ihren Freunden.
„Beeil dich!“, mahnte jetzt Tom. „Wir müssen starten, bevor das andere Schiff hier eintrifft!“
„Ich komm’ ja schon“, erwiderte sie und überholte ihn mit einem großen Sprung.
Nach einer weiteren Sicherheitstür gingen sie durch den Landerüssel zum Space Racer und setzten sich auf ihre Sitze: Tom und Stella vorne, Ming und Hu hinten. Plutinchen und Nèng Nèng erwarteten sie schon.
„Die Startvorbereitungen sind abgeschlossen“, meldete die Roboterkatze. „Die Daten des Wurmlochs sind programmiert. Ein Check ist nicht erforderlich.“
„Major Tom an Mondstation, wir können starten“, meldete Tom.
„Mondstation an Major Tom, Starterlaubnis erteilt“, hörten sie in ihren Kopfhörern.
Tom und Stella tippten mit den Fingern auf das Display. Sie spürten einen leichten Ruck, dann hob das Raumschiff ab und beschleunigte.
„Nicht übel“, meinte Ming. „Euer Space Racer hat ganz schön Power. Das hätte ich nicht gedacht.“
„In der Umlaufbahn haben wir das gar nicht bemerkt“, staunte Hu.

„Der Space Racer ist nicht nur das kleinste, sondern auch das beste Raumschiff“, prahlte Stella.
„Warnung! Raumschiff Orion auf Gegenkurs“, meldete sich der Bordcomputer. „Ausweichmanöver erforderlich.“
Stella griff zum Joystick, sah kurz aufs Display und zog das Raumschiff hoch, das nun fast senkrecht in den Sternenhimmel schoss.
„Ausweichmanöver erfolgreich“, meldete der Bordcomputer.
„Das war gekonnt“, meinte Hu.
„Wir haben eben viel Erfahrung“, grinste Stella.
„Kurs ist programmiert“, schnurrte Plutinchen.
Stella ließ den Joystick wieder los und überließ nun der Automatik den weiteren Flug. Hinter ihnen wurde der Mond immer kleiner, während vor ihnen nur Sterne zu sehen waren.
„Wo ist denn jetzt das Wurmloch?“, fragte Ming.
„Es wird erst aktiviert, wenn wir es fast erreicht haben“, erklärte Tom.
Gebannt suchten Ming und Hu das Weltall ab, ohne das Wurmloch zu entdecken.
„Da ist es!“, rief Stella nach einer guten Stunde und hob ihre Hand.

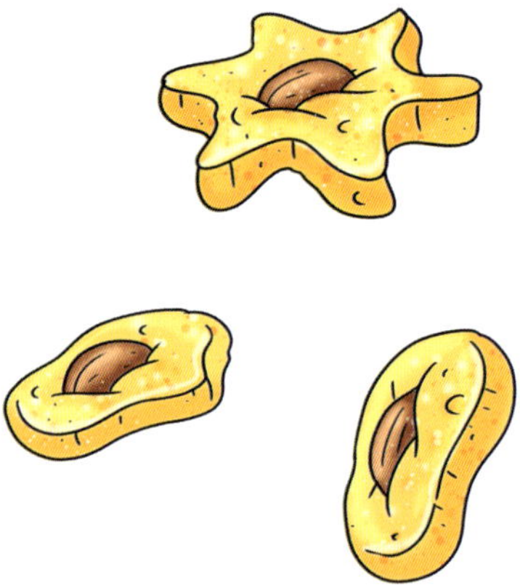

20. Dezember

„Ich sehe nichts", sagte Ming.
„Es sind sechs Generatoren", erklärte Stella. „Sie bilden ein großes Sechseck, in dem das Wurmloch entsteht."
„Ja, jetzt sehe ich sie", bestätigte Ming.
„Wir beschleunigen jetzt", informierte Stella.
Während die Raumfahrer in ihre Sitze gedrückt wurden, formte sich zwischen den Generatoren ein sonderbares Gebilde, das wie die Linse eines riesigen Vergrößerungsglases aussah.
„Das ist doch viel zu klein!", erschrak Hu.
„Aber nicht für uns", erwiderte Tom. „Nur wir passen da hindurch. Und Frachtschiffe. Die Raumschiffe der Erwachsenen sind zu groß. Sie müssen warten, bis es größere Wurmlöcher gibt."
Plötzlich verschwanden die Sterne. Für einen kurzen Augenblick sahen sie nichts, was sie hätten beschreiben können. Die Riesenlinse verschwand und gab den Blick auf den Mars frei.
„Orbital!", flüsterte Tom.
„Chāo!", sagte Hu.
„Wo ist Phobos?", fragte Stella.
„Wer ist das? Ein anderes Raumschiff? Ein Freund von euch?", wollte Ming wissen.

„Nein, das ist einer der Marsmonde“, antwortete Stella. „Der Größere der beiden. Der andere heißt Deimos.“
„Na klar, das hatte ich vergessen“, gab Ming zu. „Es sind eigentlich Asteroiden, die von der Schwerkraft des Mars eingefangen wurden.“
„Genau“, bestätigte Tom.
„Wir umkreisen jetzt einmal den Mars, dann landen wir“, erklärte Stella.
„Was für ein wunderschöner Planet“, staunte Hu. „Er sieht so anders als die Erde aus und ist ihr doch irgendwie ähnlich.“
„Wunderbar“, stimmte Ming zu.
Nach einer Umkreisung sprach Tom ins Mikrofon:
„Major Tom an Marsstation, bitte kommen!“
„Hier ist die Marsstation“, meldete sich eine tiefe Stimme. „Hier kommen eure Daten für die Landung.“
„Die Daten sind da“, schnurrte Plutinchen gleich darauf. „Die Landung übernimmt der Autopilot.“
Die Bremsraketen wurden gezündet, die Gurte strafften sich. Das kleine Raumschiff verließ die Umlaufbahn und trat in die dünne Atmosphäre des Roten Planeten ein.

21. Dezember

„Ich kann es kaum glauben“, sagte Ming. „Wir landen auf dem Mars!“
„Und wir werden auf dem Mars Weihnachten feiern!“, ergänzte Hu.
„Ja, in etwa zwei Sol“, strahlte Stella.
„Sol?“, wiederholte Ming.
„Ein Marstag“, erklärte Plutinchen. „Er dauert genau 24 Stunden, 39 Minuten und 35 Sekunden. Er ist also etwa 40 Minuten länger als ein Erdentag. Menschen können sich also ganz gut daran gewöhnen.“
Der Space Racer verlor schnell an Geschwindigkeit, schon konnten sie Krater, Berge und Ebenen gut erkennen.
„Marsstation an Major Tom! Major Tom, bitte kommen!“, meldete sich die tiefe Stimme. „Bitte landet auf der Plattform 2.“
„Major Tom an Marsstation. Wird gemacht“, bestätigte Tom die Anweisung.
„Die Landeplattform ist ganz neu“, wusste Stella. „Und da ist auch schon die Station.“
Mehrere Gebäude und Eingänge kamen in Sicht. Ein Teil der Station war unterirdisch angelegt worden, um

vor Strahlung und kleinen Meteoriten besonders sicher zu sein.
„Ich übernehme“, sagte Stella und griff zum Joystick.
„Sie flog noch eine kleine Kurve über das Gelände, auf dem auch einige Fahrzeuge standen. Dann setzte sie den Space Racer vorsichtig auf.
„Wir sind da“, sagte Tom. „Hier gibt es keinen Landerüssel. Aber wir haben ja Raumanzüge.“
Sie setzten die Helme auf und überprüften sie. Dann zogen sie ihre Handschuhe an. Anschließend verließen sie nacheinander das Raumschiff und gingen über den Marsboden zu einer Schleusentür, die bereits geöffnet war. Kaum waren sie in der Schleusenkammer, wurde die äußere Tür geschlossen. Kurz darauf signalisierte ein grünes Licht, dass der von der Erde gewohnte Luftdruck hergestellt worden war. Die Tür zum Inneren der Station öffnete sich. Dort wurden sie bereits von einem großen Mann erwartet.
„Papa!“, rief der kleine Major Tom und nahm den großen Major Tom in die Arme.
„Das kann dauern“, meinte Stella.

22. Dezember

Nach einer langen Begrüßung und ein paar Freudentränen sagte Toms Vater: „So, jetzt zeige ich euch eure Quartiere in unserem neuen Gästebereich. Die Marsstation wird ja noch immer vergrößert. Vielleicht steht hier mal die erste Stadt auf dem Mars."
„Was ist mit unserem Gepäck?", fragte Stella. „Das ist noch an Bord."
„Darum können sich Plutinchen und Nèng Nèng kümmern", antwortete der große Major Tom. „Die geringere Schwerkraft macht eure Koffer so leicht, dass die zwei keine Mühe haben werden."
„Das habe ich mir schon gedacht", sagte Plutinchen zu dem Pandaroboter. „Ich habe geahnt, dass wir uns darum kümmern müssen."
Die beiden Toms gingen voran, gefolgt von Stella, Ming und Hu.
„Fast so wie auf dem Mond", stellte Hu fest. „Nur kann man nicht so weit hüpfen."
„Da hängt ja sogar Weihnachtsdekoration!", wunderte sich Stella, als sie an der Decke eine kleine Lichterkette entdeckte.
„Und dort klebt ein Weihnachtsmann an der Wand", sagte Ming.

„Natürlich“, erklärte der große Major Tom. „Viele Menschen lieben Weihnachten, auch auf dem Mars.“
„Aber einen richtigen Weihnachtsbaum gibt es hier nicht“, stellte der kleine Major Tom traurig fest.
„Aber du hast doch deinen virtuellen Baum?“, entgegnete der große Major Tom. „Die Holografie aus deinem Astrofon?“
„Das stimmt schon“, sagte der kleine Major Tom.
„Die ist auch sehr gelungen. Aber eben kein echter Baum. So einen, wie wir ihn im letzten Jahr auf der Bodenstation gehabt haben.“
„Das war die Spitze einer großen Tanne“, erinnerte sich der große Major Tom. „Ja, so einen Baum gibt es hier natürlich nicht.“
„Sehr schade“, meinte der kleine Major Tom.
„Dafür haben wir fast jeden Weihnachtsfilm von der Erde übermittelt bekommen“, wechselte Toms Vater das Thema. „Wir könnten doch heute Abend einen ganz alten Weihnachtsfilm aus dem 20. Jahrhundert anschauen. Wie wäre es denn mit ‚Kevin – Allein zu Haus?‘ Der handelt von einem Jungen, der von seinen Eltern vergessen wird, als diese in den Weihnachtsurlaub fliegen.“

23. Dezember

„Eltern, die ihr Kind vergessen? An Weihnachten?“, wunderte sich der kleine Major Tom. „Die haben damals wirklich merkwürdige Filme gedreht. Nein, ich glaube, darauf können wir verzichten. Wir sollten lieber gleich anfangen, unsere Weihnachtsfeier vorzubereiten.“

„Gut“, stimmte sein Vater zu. „Dann packt eure Sachen aus und richtet euch ein. Ich hole euch in einer Stunde wieder hier ab. Euer Gepäck ist schon im Anflug.“

Kaum waren Plutinchen und Nèng Nèng im Gästequartier gelandet, zogen sich die Kinder ihre Overalls an und holten Weihnachtsschmuck und Geschenke aus ihren Koffern. Pünktlich erschien der große Major Tom und führte sie zu den Gewächshäusern der Marsstation.

„Die sind ja riesig“, bemerkte Stella. „Hast du die alle gebaut?“

„Nicht alleine“, antwortete Toms Vater. „Aber ich habe sie mitentworfen. Wir können jetzt noch mehr Gemüse anbauen. Außerdem haben wir jetzt große Bioreaktoren. Das sind eigentlich mit Wasser gefüllte Doppelglasscheiben. Im Wasser leben besondere Algen, die als Nahrung dienen.“

„Orbital", staunte Tom. „Die kennen wir schon von der Erde. Aber dass sie auch auf dem Mars funktionieren, wussten wir nicht."

„So ein Gewächshaus ist ein toller Ort für eine Weihnachtsfeier", freute sich Stella. „Von hier aus kann man sogar die Erde als kleines Pünktchen am Himmel sehen, auf dem meine Eltern feiern. Schade, dass sie nicht mitkommen konnten."

„Unsere auch nicht", meinte Ming traurig.

„Los! Fangen wir an!", sagte Hu und zog eine glitzernde Girlande aus einer Tüte.

„Hier sind auch ein paar Geschenke für euch", lächelte Toms Vater und stellte sie auf den Boden des halbkugelförmigen Gewächshauses. „Deine Mutter und eure Eltern haben bereits Videobotschaften übermittelt, die wir uns morgen ansehen können."

„Sollen wir wieder Sushi machen?", fragte Stella.

„Unbedingt", freute sich Ming.

„Als ich ein Kind war", erzählte der große Major Tom, „da gab es immer Kartoffelsalat mit Würstchen."

„Ach du dickes Mondkalb", raunte Stella. „Das klingt ja gruselig."

24. Dezember

Als Tom und Stella, Ming und Hu am nächsten Abend das Gewächshaus betreten wollten, war die Tür verschlossen. Sie hatten sich rote Mützen aufgesetzt und wollten nun gemeinsam feiern und essen.
„Nanu?“, wunderte sich Tom. „Was soll das denn?“
„Ich habe Hunger“, sagte Hu. „Ich habe extra nichts in der Kantine gegessen.“
„Merkwürdig“, grübelte Stella. „Warum sollte dein Vater das Gewächshaus abschließen, das er eigens für die Feier reserviert hat?“
„Da stimmt etwas nicht“, vermutete Tom. „Bestimmt eine Panne. Vielleicht hat ein Meteorit eine der Scheiben durchschlagen.“
„Oh nein, unser Sushi!“, schimpfte Hu.
„Unsere leckeren Hühnerfüße!“, klagte Ming.
„Das ist ja eine schöne Bescherung“, jammerte Stella.
„Ich hatte mich so auf die Feier gefreut!“
„Und jetzt das!“, sagte Tom enttäuscht.
„Na, Kinder, seid ihr auch schon aufgeregt?“, fragte in diesem Augenblick Toms Vater und berührte kurz sein Astrofon. Mit einem leisen Klicken öffnete sich die Tür und gab den Blick in das Gewächshaus frei.

Die Kinder schauten mit großen Augen und offenen Mündern in den hell erleuchteten Raum, in dessen Mitte ein prachtvoll geschmückter, echter Weihnachtsbaum stand.
„Das glaube ich nicht!", rief Stella und rieb sich die Augen.
„Wo hast du den denn her?", fragte der kleine Major Tom.
„Den habe ich als Setzling mitgebracht und hier wachsen lassen", antwortete sein Vater. „Er steht in einer Nährlösung. Ein Experiment, wenn man so will."
„Und was für ein schönes!", freute sich der kleine Major Tom.
„Das schönste Experiment der Welt!", strahlte Stella.
„Das erzählt gleich euren Eltern auf der Erde", sagte der große Major Tom. „Ich habe auf euren Astrofonen SpaceApp installieren lassen. Damit könnt ihr direkt mit euren Eltern Nachrichten austauschen. Das gibt es erst seit ein paar Tagen. Frohe Weihnachten!"
„Frohe Weihnachten!", riefen die Kinder und stürmten in das Gewächshaus.
„Menschen", meinte Plutinchen.
„Wir werden sie nie verstehen", sagte Nèng Nèng.

Die Kreativ-Crew rund um den kleinen Major Tom

© Kurt Fuchs

Bernd Flessner …

… hat am 24.11.1957 Geburtstag. Er wurde in Göttingen geboren, ist aber am Meer aufgewachsen. Seine Lieblingsfarbe ist Rot. Am liebsten schreibt er Bücher für Erwachsene und Bücher für Kinder. Wenn er mal gerade nicht schreibt, dann kocht er. Sein Lieblingsgericht ist selbst gemachte Lasagne. Bernd Flessner ist ein begeisterter Zukunftsforscher, ihn interessiert alles, was mit Raumfahrt und Weltall zusammenhängt. Sein größter Wunsch wäre es, einmal zum Mars zu fliegen (und zurück natürlich, damit er von seinem Abenteuer berichten kann).

© Stefan Lohr

Stefan Lohr …

… hat am 5.5.1972 Geburtstag. Er wurde in Leutkirch geboren und lebt heute in Ravensburg. Seine Lieblingsfarbe ist Blau. Und am liebsten illustriert er Bücher für Kinder. Wenn er Zeit hat, dann fährt er gern Achterbahn. Am liebsten mit Doppellooping. Sein größter Wunsch wäre es, einmal mit Major Toms Space Racer ein paar Loopings im Weltall zu drehen.

Peter Schilling

Wer kennt nicht „Major Tom (völlig losgelöst)“ und hat
dazu schon mal ordentlich abgetanzt?
Der Sänger und Songschreiber Peter Schilling, von dem dieser
und noch viele andere Songs stammen, hatte die geniale Idee,
die Geschichte aus dem weltbekannten Lied weiterzuerzählen –
und zwar als Geschichte für Kinder.
Er ist, wie er sagt, im Herzen ein Kind geblieben und hat so
die Idee zum kleinen Major Tom, Stella und Plutinchen gehabt.
Und weil er den Autor und Weltraumfan Bernd Flessner
kennengelernt hat, sind daraus Geschichten entstanden.
Peter Schilling möchte gerne, dass Kinder die Möglichkeit bekommen,
so viel wie möglich über unsere Welt und das Universum zu erfahren.
Deshalb tauscht er sich gerne vor seinen Konzerten mit Kindern
über das spannende Thema Weltraum aus.

Bisher erschienen:

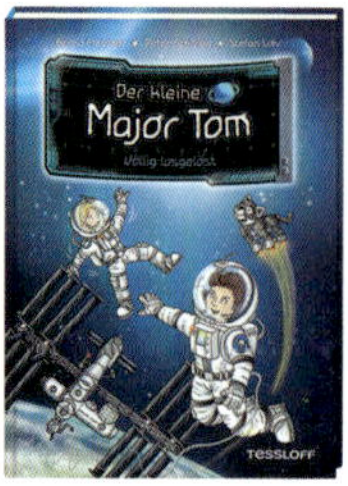

Band 1: Völlig losgelöst
ISBN 978-3-7886-4001-9

Bd. 2: Rückkehr zur Erde
ISBN 978-3-7886-4002-6

Bd. 3: Die Mondmission
ISBN 978-3-7886-4003-3

Bd. 4: Kometengefahr
ISBN 978-3-7886-4004-0

Bd. 5: Gefährliche
Reise zum Mars
ISBN 978-3-7886-4005-7

Bd. 6: Abenteuer auf
dem Mars
ISBN 978-3-7886-4006-4

Bd. 7: Außer Kontrolle!
ISBN 978-3-7886-4007-1

Bd. 8: Verloren im
Regenwald
ISBN 978-3-7886-4008-8

Bd. 9: Im Bann des Jupiters
ISBN 978-3-7886-4009-5

Bd. 10: Im Sog des
Schwarzen Lochs
ISBN 978-3-7886-4010-1

Bd. 11: Wer rettet Ming
und Hu?
ISBN 978-3-7886-4011-8

Bd.12: Plutinchen in Gefahr
ISBN 978-3-7886-4012-5

Bd. 13: Die Wüste lebt
ISBN 978-3-7886-4013-2

Bd. 14: Abenteuer im
brennenden Eis
ISBN 978-3-7886-4014-9

Hörspiele:

Völlig losgelöst
ISBN 978-3-7886-4101-6

Rückkehr zur Erde
ISBN 978-3-7886-4102-3

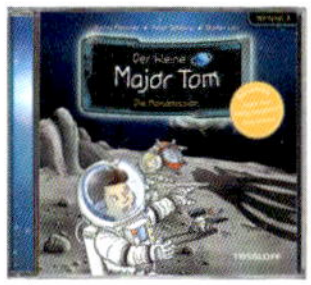

Die Mondmission
ISBN 978-3-7886-4103-0

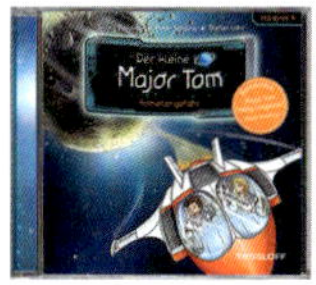

Kometengefahr
ISBN 978-3-7886-4104-7

Gefährliche Reise zum Mars
ISBN 978-3-7886-4105-4

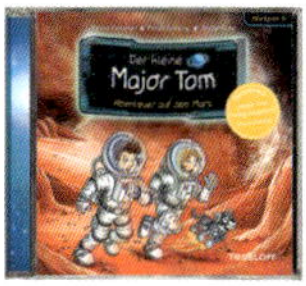

Abenteuer auf dem Mars
ISBN 978-3-7886-4106-1

Außer Kontrolle!
ISBN 978-3-7886-4107-8

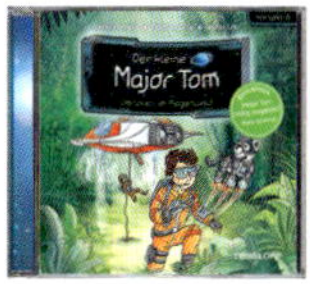

Verloren im Regenwald
ISBN 978-3-7886-4108-5

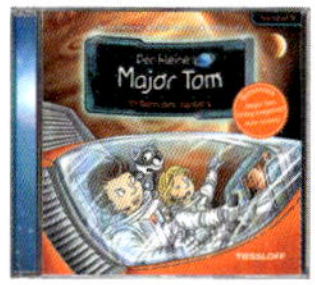

Im Bann des Jupiters
ISBN 978-3-7886-4221-1

Im Sog des Schwarzen Lochs
ISBN 978-3-7886-4222-8

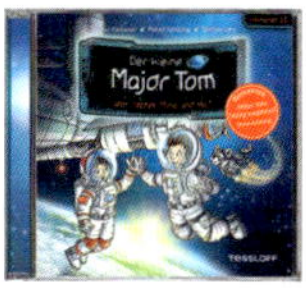

Wer rettet Ming und Hu?
ISBN 978-3-7886-4225-9

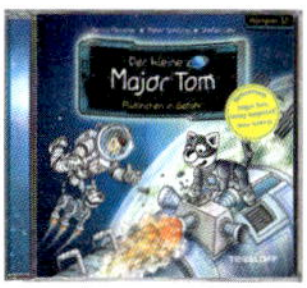

Plutinchen in Gefahr
ISBN 978-3-7886-4226-6

Freundealbum:

Meine Freunde
ISBN 978-3-7886-4115-3

Space School:

Bd. 1: Abenteuer Raumfahrt
ISBN 978-3-7886-4113-9

Bd. 2: Künstliche Intelligenz
ISBN 978-3-7886-4114-6

Bd. 3: Supermaterialien
ISBN 978-3-7886-4223-5

„Das Universum ist groß, die Erde unser Zuhause.“

Peter Schilling